Molière

L'Amour médecin

Au lecteur

Ce n'est ici qu'un simple crayon, un petit impromptu dont le roi a voulu se faire un divertissement. Il est le plus précipité de tous ceux que Sa Majesté m'ait commandés ; et lorsque je dirai qu'il a été proposé, fait, appris et représenté en cinq jours, je ne dirai que ce qui est vrai. Il n'est pas nécessaire de vous avertir qu'il y a beaucoup de choses qui dépendent de l'action. On sait bien que les comédies ne sont faites que pour être jouées, et je ne conseille de lire celle-ci qu'aux personnes qui ont des yeux pour découvrir, dans la lecture, tout le jeu du théâtre. Ce que je vous dirai, c'est qu'il serait à souhaiter que ces sortes d'ouvrages pussent toujours se montrer à vous avec les ornements qui les accompagnent chez le roi. Vous les verriez dans un état beaucoup plus supportable ; et les airs, et les symphonies de l'incomparable M. Lulli, mêlés à la beauté des voix et à l'adresse des danseurs, leur donnent sans doute des grâces dont ils ont toutes les peines du monde à se passer.

1

Personnages

SECONDE ENTRÉE.

UN OPÉRATEUR : chantant.
TRIVELINS ET SCARAMOUCHES : dansant, de la suite de l'opérateur.

TROISIÈME ENTRÉE.

LA COMÉDIE.
LA MUSIQUE.
LE BALLET.
JEUX, RIS, PLAISIRS : dansant.

La scène est à Paris.

Prologue

La Comédie, la Musique, le Ballet.

LA COMÉDIE

Quittons, quittons notre vaine querelle ;
Ne nous disputons point nos talents tour à tour ;
Et d'une gloire plus belle
Piquons-nous en ce jour.
Unissons-nous tous trois d'une ardeur sans seconde
Pour donner du plaisir au plus grand roi du monde.

TOUS TROIS ENSEMBLE

Unissons-nous tous trois d'une ardeur sans seconde
Pour donner du plaisir au plus grand roi du monde

LA MUSIQUE.

De ses travaux, plus grands qu'on ne peut croire,
Il se vient quelquefois délasser parmi nous.

LE BALLET

Est-il de plus grande gloire ?
Est-il bonheur plus doux ?

TOUS TROIS ENSEMBLE

Unissons-nous tous trois d'une ardeur sans seconde
Pour donner du plaisir au plus grand roi du monde.

Acte premier

Scène I

Sganarelle, Aminte, Lucrèce, M. Guillaume, M. Josse.

SGANARELLE

Ah ! l'étrange chose que la vie ! et que je puis bien dire, avec ce grand philosophe de l'antiquité, que qui terre a guerre a, et qu'un malheur ne vient jamais sans l'autre ! Je n'avais qu'une seule femme, qui est morte.

M. GUILLAUME

Et combien donc en voulez-vous avoir ?

SGANARELLE

Elle est morte, monsieur Guillaume mon ami. Cette perte m'est très sensible, et je ne puis m'en ressouvenir sans pleurer. Je n'étais pas fort satisfait de sa conduite, et nous avions le plus souvent dispute ensemble ; mais enfin la mort rajuste toutes choses. Elle est morte ; je la pleure. Si elle était en vie, nous nous querellerions. De tous les enfants que le ciel m'avait donnés, il ne m'a laissé qu'une fille, et cette fille est toute ma peine ; car enfin je la vois dans une mélancolie la plus sombre du monde, dans une tristesse épouvantable, dont il n'y a pas moyen de la retirer, et dont je ne saurais même apprendre la cause. Pour moi, j'en perds l'esprit, et j'aurais besoin d'un bon conseil sur cette matière. *(À Lucrèce.)* Vous êtes ma nièce ; *(À Aminte.)* vous, ma voisine ; *(À M. Guillaume et à M. Josse.)* et vous, mes compères et mes amis ; je vous prie de me conseiller tout ce que je dois faire.

M. JOSSE

Pour moi, je tiens que la braverie et l'ajustement est la chose qui réjouit le plus les filles ; et si j'étais que de vous, je lui achèterais, dès aujourd'hui, une belle garniture de diamants, ou de rubis, ou d'émeraudes.

M. GUILLAUME

Et moi, si j'étais en votre place, j'achèterais une belle tenture de tapisserie de verdure, ou à personnages, que je ferais mettre dans sa chambre, pour lui réjouir l'esprit et la vue.

AMINTE

Pour moi, je ne ferais pas tant de façons ; je la marierais fort bien, et le plus tôt que je pourrais, avec cette personne qui vous la fit, dit-on, demander il y a quelque temps.

5

LUCRÈCE

Et moi, je tiens que votre fille n'est point du tout propre pour le mariage. Elle est d'une complexion trop délicate et trop peu saine, et c'est la vouloir envoyer bientôt en l'autre monde, que de l'exposer, comme elle est, à faire des enfants. Le monde n'est point du tout son fait, et je vous conseille de la mettre dans un couvent, où elle trouvera des divertissements qui seront mieux de son humeur.

SGANARELLE

Tous ces conseils sont admirables assurément ; mais je les tiens un peu intéressés, et trouve que vous me conseillez fort bien pour vous. Vous êtes orfèvre, monsieur Josse ; et votre conseil sent son homme qui a envie de se défaire de sa marchandise. Vous vendez des tapisseries, monsieur Guillaume, et vous avez la mine d'avoir quelque tenture qui vous incommode. Celui que vous aimez, ma voisine, a, dit-on, quelque inclination pour ma fille ; et vous ne seriez pas fâchée de la voir la femme d'un autre. Et quant à vous, ma chère nièce, ce n'est pas mon dessein, comme on sait, de marier ma fille avec qui que ce soit, et j'ai mes raisons pour cela ; mais le conseil que vous me donnez de la faire religieuse est d'une femme qui pourrait bien souhaiter charitablement d'être mon héritière universelle. Ainsi, messieurs et mesdames, quoique tous vos conseils soient les meilleurs du monde, vous trouverez bon, s'il vous plaît, que je n'en suive aucun, *seul*. Voilà de mes donneurs de conseils à la mode.

Scène II

Lucinde, Sganarelle.

SGANARELLE

Ah ! voilà ma fille qui prend l'air. Elle ne me voit pas. Elle soupire ; elle lève les yeux au ciel. *(À Lucinde.)* Dieu vous garde ! Bonjour, ma mie. Eh bien qu'est-ce ? Comme vous en va ? Eh quoi ! toujours triste et mélancolique comme cela, et tu ne veux pas me dire ce que tu as ? Allons donc, découvre-moi ton petit cœur. Là, ma pauvre mie, dis, dis, dis tes petites pensées à ton petit papa mignon. Courage veux-tu que je te baise ? Viens. *(À part.)* J'enrage de la voir de cette humeur-là. *(À Lucinde.)* Mais, dis-moi, me veux-tu faire mourir de déplaisir, et ne puis-je savoir d'où vient cette grande langueur ? Découvre-m'en la cause, et je te promets que je ferai toutes choses pour toi. Oui, tu n'as qu'à me dire le sujet de ta tristesse ; je t'assure ici, et te fais serment qu'il n'y a rien que je ne fasse pour te satisfaire ; c'est tout dire. Est-ce que tu es jalouse de quelqu'une de tes compagnes que tu voies plus brave que toi ? et serait-il quelque étoffe nouvelle dont tu voulusses avoir un habit ? Non. Est-ce que ta chambre ne te semble pas assez parée, et que tu souhaiterais quelque cabinet de la foire Saint-Laurent ? Ce n'est pas cela. Aurais-tu envie d'apprendre quelque chose, et veux-tu que je te donne un maître pour te montrer à jouer du clavecin ? Nenni. Aimerais-tu quelqu'un, et souhaiterais-tu d'être mariée ?

(Lucinde fait signe que oui.)

Scène III

Sganarelle, Lucinde, Lisette.

LISETTE

Eh bien ! monsieur, vous venez d'entretenir votre fille : avez-vous su la cause de sa mélancolie ?

SGANARELLE

Non. C'est une coquine qui me fait enrager.

LISETTE

Monsieur, laissez-moi faire ; je m'en vais la sonder un peu.

SGANARELLE

Il n'est pas nécessaire ; et puisqu'elle veut être de cette humeur, je suis d'avis qu'on l'y laisse.

LISETTE

Laissez-moi faire, vous dis-je. Peut-être qu'elle se découvrira plus librement à moi qu'à vous. Quoi ! madame, vous ne nous direz point ce que vous avez, et vous voulez affliger ainsi tout le monde ? Il me semble qu'on n'agit point comme vous faites, et que si vous avez quelque répugnance à vous expliquer à un père, vous n'en devez avoir aucune à me découvrir votre cœur. Dites-moi, souhaitez-vous quelque chose de lui ? Il nous a dit plus d'une fois qu'il n'épargnerait rien pour vous contenter. Est-ce qu'il ne vous donne pas toute la liberté que vous souhaiteriez ? et les promenades et les cadeaux ne tenteraient-ils point votre âme ? Eh ! avez-vous reçu quelques déplaisirs de quelqu'un ? Eh ! n'auriez-vous point quelque secrète inclination avec qui vous souhaiteriez que votre père vous mariât ? Ah ! je vous entends ; voilà l'affaire. Que diable ! pourquoi tant de façon ? Monsieur, le mystère est découvert ; et…

SGANARELLE

Va, fille ingrate, je ne te veux plus parler, et je te laisse dans ton obstination.

LUCINDE

Mon père, puisque vous voulez que je vous dise la chose…

SGANARELLE

Oui, je perds toute l'amitié que j'avais pour toi.

LISETTE

Monsieur, sa tristesse…

SGANARELLE

C'est une coquine qui me veut faire mourir.

LUCINDE

Mon père, je veux bien…

SGANARELLE

Ce n'est pas la récompense de t'avoir élevée comme j'ai fait.

LISETTE

Mais, monsieur…

SGANARELLE

Non, je suis contre elle dans une colère épouvantable.

LUCINDE

Mais, mon père…

SGANARELLE

Je n'ai plus aucune tendresse pour toi.

LISETTE

Mais…

SGANARELLE

C'est une friponne.

LUCINDE

Mais…

SGANARELLE

Une ingrate.

LISETTE

Mais…

SGANARELLE

Une coquine, qui ne me veut pas dire ce qu'elle a.

LISETTE

C'est un mari qu'elle veut.

SGANARELLE, *faisant semblant de ne pas entendre.*

Je l'abandonne.

LISETTE

Un mari.

SGANARELLE

Je la déteste.

LISETTE

Un mari.

SGANARELLE

Et la renonce pour ma fille.

LISETTE

Un mari.

SGANARELLE

Non, ne m'en parlez point.

LISETTE

Un mari.

SGANARELLE

Ne m'en parlez point.

LISETTE

Un mari.

SGANARELLE

Ne m'en parlez point.

LISETTE

Un mari, un mari, un mari.

Scène IV

Lucinde, Lisette.

LISETTE

On dit bien vrai, qu'il n'y a point de pires sourds que ceux qui ne veulent pas entendre.

LUCINDE

Eh bien, Lisette, j'avais tort de cacher mon déplaisir, et je n'avais qu'à parler pour avoir tout ce que je souhaitais de mon père ! Tu le vois.

LISETTE

Par ma foi, voilà un vilain homme ; et je vous avoue que j'aurais un plaisir extrême à lui jouer quelque tour. Mais d'où vient donc, madame, que jusqu'ici vous m'avez caché votre mal ?

LUCINDE

Hélas ! de quoi m'aurait servi de te le découvrir plus tôt ? et n'aurais-je pas autant gagné à le tenir caché toute ma vie ? Crois-tu que je n'aie pas bien prévu tout ce que tu vois maintenant, que je ne susse pas à fond tous les sentiments de mon père, et que le refus qu'il a fait porter à celui qui m'a demandée par un ami n'ait pas étouffé dans mon âme toute sorte d'espoir ?

LISETTE

Quoi ! c'est cet inconnu qui vous a fait demander, pour qui vous…

LUCINDE

Peut-être n'est-il pas honnête à une fille de s'expliquer si librement ; mais enfin je t'avoue que s'il m'était permis de vouloir quelque chose, ce serait lui que je voudrais. Nous n'avons eu ensemble aucune conversation, et sa bouche ne m'a point déclaré la passion qu'il a pour moi ; mais, dans tous les lieux où il m'a pu voir, ses regards et ses actions m'ont toujours parlé si tendrement, et la demande qu'il a fait faire de moi m'a paru d'un si honnête homme, que mon cœur n'a pu s'empêcher d'être sensible à ses ardeurs ; et cependant tu vois où la dureté de mon père réduit toute cette tendresse.

LISETTE

Allez, laissez-moi faire. Quelque sujet que j'aie de me plaindre de vous du secret que vous m'avez fait, je ne veux pas laisser de servir votre amour ; et pourvu que vous ayez assez de résolution…

LUCINDE

Mais que veux-tu que je fasse contre l'autorité d'un père ? et s'il est inexorable à mes vœux…

11

LISETTE

Allez, allez, il ne faut pas se laisser mener comme un oison ; et pourvu que l'honneur n'y soit pas offensé, on peut se libérer un peu de la tyrannie d'un père. Que prétend-il que vous fassiez ? N'êtes-vous pas en âge d'être mariée, et croit-il que vous soyez de marbre ? Allez, encore un coup, je veux servir votre passion ; je prends, dès à présent, sur moi tout le soin de ses intérêts, et vous verrez que je sais des détours... Mais je vois votre père. Rentrons, et me laissez agir.

Scène V

SGANARELLE

Il est bon quelquefois de ne point faire semblant d'entendre les choses qu'on n'entend que trop bien ; et j'ai fait sagement de parer la déclaration d'un désir que je ne suis pas résolu de contenter. A-t-on jamais rien vu de plus tyrannique que cette coutume où l'on veut assujettir les pères, rien de plus impertinent et de plus ridicule que d'amasser du bien avec de grands travaux, et d'élever une fille avec beaucoup de soin et de tendresse, pour se dépouiller de l'un et de l'autre entre les mains d'un homme qui ne nous touche de rien ? Non, non, je me moque de cet usage, et je veux garder mon bien et ma fille pour moi.

Scène VI

Sganarelle, Lisette.

LISETTE, *courant sur le théâtre, et feignant de ne pas voir Sganarelle.*

Ah ! malheur ! ah ! disgrâce ! Ah, pauvre seigneur Sganarelle ! où pourrai-je te rencontrer ?

SGANARELLE, *à part.*

Que dit-elle là ?

LISETTE, *courant toujours.*

Ah ! misérable père ! que feras-tu, quand tu sauras cette nouvelle ?

SGANARELLE, *à part.*

Que sera-ce ?

LISETTE

Ma pauvre maîtresse !

SGANARELLE, *à part.*

Je suis perdu !

LISETTE

Ah !

SGANARELLE, *courant après Lisette.*

Lisette !

LISETTE

Quelle infortune !

SGANARELLE

Lisette !

LISETTE

Quel accident !

SGANARELLE

Lisette !

LISETTE

Quelle fatalité !

SGANARELLE

Lisette !

LISETTE, *s'arrêtant.*

Ah ! monsieur !

SGANARELLE

Qu'est-ce ?

LISETTE

Monsieur !

SGANARELLE

Qu'y a-t-il ?

LISETTE

Votre fille…

SGANARELLE

Ah ! ah !

LISETTE

Monsieur, ne pleurez donc point comme cela, car vous me feriez rire.

SGANARELLE

Dis donc vite.

LISETTE

Votre fille, toute saisie des paroles que vous lui avez dites, et de la colère effroyable où elle vous a vu contre elle, est montée vite dans sa chambre, et, pleine de désespoir, a ouvert la fenêtre qui regarde sur la rivière.

SGANARELLE

Eh bien ?

LISETTE

Alors levant les yeux au ciel : Non, a-t-elle dit, il m'est impossible de vivre avec le courroux de mon père ; et puisqu'il me renonce pour sa fille, je veux mourir.

SGANARELLE

Elle s'est jetée ?

LISETTE

Non, monsieur. Elle a fermé tout doucement la fenêtre, et s'est allée mettre sur son lit. Là, elle s'est prise à pleurer amèrement ; et tout d'un coup son

15

visage a pâli, ses yeux se sont tournés, le cœur lui a manqué, et elle m'est demeurée entre les bras.

SGANARELLE

Ah ! ma fille ! Elle est morte ?

LISETTE

Non, monsieur. À force de la tourmenter, je l'ai fait revenir ; mais cela lui reprend de moment en moment, et je crois qu'elle ne passera pas la journée.

SGANARELLE

Champagne ! Champagne ! Champagne !

Scène VII

Sganarelle, Champagne, Lisette.

SGANARELLE

Vite, qu'on m'aille quérir des médecins, et en quantité. On n'en peut trop avoir dans une pareille aventure. Ah ! ma fille ! ma pauvre fille !

Scène VIII

PREMIER INTERMÈDE.

(Champagne, valet de Sganarelle, frappe, en dansant, aux portes de quatre médecins)

Scène IX

(Les quatre médecins dansent, et
entrent avec cérémonie chez Sganarelle)

Acte deuxième

Scène I

Sganarelle, Lisette.

LISETTE

Que voulez-vous donc faire, monsieur de quatre médecins ? N'est-ce pas assez d'un pour tuer une personne ?

SGANARELLE

Taisez-vous. Quatre conseils valent mieux qu'un.

LISETTE

Est-ce que votre fille ne peut pas bien mourir sans le secours de ces messieurs-là ?

SGANARELLE

Est-ce que les médecins font mourir ?

LISETTE

Sans doute ; et j'ai connu un homme qui prouvait, par bonnes raisons, qu'il ne faut jamais dire : Une telle personne est morte d'une fièvre et d'une fluxion sur la poitrine, mais : Elle est morte de quatre médecins et de deux apothicaires.

SGANARELLE

Chut ! n'offensez pas ces messieurs-là.

LISETTE

Ma foi, monsieur, notre chat est réchappé depuis peu d'un saut qu'il fit du haut de la maison dans la rue ; et il fut trois jours sans manger, et sans pouvoir remuer ni pied ni patte ; mais il est bien heureux de ce qu'il n'y a point de chats médecins, car ses affaires étaient faites, et ils n'auraient pas manqué de le purger et de le saigner.

SGANARELLE

Voulez-vous vous taire ? vous dis-je. Mais voyez quelle impertinence ! Les voici.

LISETTE

Prenez garde, vous allez être bien édifié. Ils vous diront en latin que votre fille est malade.

Scène II

MM. Tomès, Desfonandrès,
Macroton, Bahis, Sganarelle, Lisette.

SGANARELLE

Eh bien, messieurs ?

M. TOMÈS

Nous avons vu suffisamment la malade, et sans doute qu'il y a beaucoup
d'impuretés en elle.

SGANARELLE

Ma fille est impure ?

M. TOMÈS

Je veux dire qu'il y a beaucoup d'impuretés dans son corps, quantité
d'humeurs corrompues.

SGANARELLE

Ah ! je vous entends.

M. TOMÈS

Mais… Nous allons consulter ensemble.

SGANARELLE

Allons, faites donner des sièges.

LISETTE, *à M. Tomès.*

Ah ! monsieur, vous en êtes !

SGANARELLE, *à Lisette.*

De quoi donc connaissez-vous monsieur ?

LISETTE

De l'avoir vu l'autre jour chez la bonne amie de madame votre nièce.

M. TOMÈS

Comment se porte son cocher ?

LISETTE

Fort bien. Il est mort.

M. TOMÈS

Mort ?

LISETTE

Oui.

M. TOMÈS

Cela ne se peut.

LISETTE

Je ne sais pas si cela se peut ; mais je sais bien que cela est.

M. TOMÈS

Il ne peut pas être mort, vous dis-je.

LISETTE

Et moi, je vous dis qu'il est mort et enterré.

M. TOMÈS

Vous vous trompez.

LISETTE

Je l'ai vu.

M. TOMÈS

Cela est impossible. Hippocrate dit que ces sortes de maladies ne se terminent qu'au quatorze ou au vingt-un ; et il n'y a que six jours qu'il est tombé malade.

LISETTE

Hippocrate dira ce qu'il lui plaira ; mais le cocher est mort.

SGANARELLE

Paix ! discoureuse. Allons, sortons d'ici : Messieurs, je vous supplie de consulter de la bonne manière. Quoique ce ne soit pas la coutume de payer auparavant, toutefois, de peur que je ne l'oublie, et afin que ce soit une affaire faite, voici…
(Il leur donne de l'argent, et chacun, en le recevant, fait un geste différent.)

Scène III

MM. Desfonandrès, Tomès, Macroton, Bahis.
(Ils s'asseyent et toussent)

M. DESFONANDRÈS
Paris est étrangement grand, et il faut faire de longs trajets quand la pratique donne un peu.

M. TOMÈS
Il faut avouer que j'ai une mule admirable pour cela, et qu'on a peine à croire le chemin que je lui fais faire tous les jours.

M. DESFONANDRÈS
J'ai un cheval merveilleux, et c'est un animal infatigable.

M. TOMÈS
Savez-vous le chemin que ma mule a fait aujourd'hui ? J'ai été, premièrement, tout contre l'Arsenal ; de l'Arsenal, au bout du faubourg Saint-Germain ; du faubourg Saint-Germain, au fond du Marais ; du fond du Marais, à la porte Saint-Honoré ; de la porte Saint-Honoré, au faubourg Saint-Jacques ; du faubourg Saint-Jacques, à la porte de Richelieu ; de la porte de Richelieu, ici ; et d'ici je dois aller encore à la place Royale.

M. DESFONANDRÈS
Mon cheval a fait tout cela aujourd'hui ; et de plus j'ai été à Ruel voir un malade.

M. TOMÈS
Mais, à propos, quel parti prenez-vous dans la querelle des deux médecins Théophraste et Artémius ? car c'est une affaire qui partage tout notre corps.

M. DESFONANDRÈS
Moi je suis pour Artémius.

M. TOMÈS
Et moi aussi. Ce n'est pas que son avis, comme on a vu, n'ait tué le malade, et que celui de Théophraste ne fût beaucoup meilleur assurément ; mais enfin il a tort dans les circonstances, et il ne devait pas être d'un autre avis que son ancien. Qu'en dites-vous ?

M. DESFONANDRÈS
Sans doute. Il faut toujours garder les formalités quoi qu'il puisse arriver.

M. TOMÈS

Pour moi, j'y suis sévère en diable, à moins que ce soit entre amis ; et l'on nous assembla, un jour, trois de nous autres, avec un médecin du dehors, pour une consultation où j'arrêtai toute l'affaire, et ne voulus point endurer qu'on opinât, si les choses n'allaient dans l'ordre. Les gens de la maison faisaient ce qu'ils pouvaient, et la maladie pressait ; mais je n'en voulus point démordre, et le malade mourut bravement pendant cette contestation.

M. DESFONANDRÈS

C'est fort bien fait d'apprendre aux gens à vivre, et de leur montrer leur bec jaune.

M. TOMÈS

Un homme mort n'est qu'un homme mort, et ne fait point de conséquence ; mais une formalité négligée porte un notable préjudice à tout le corps des médecins.

Scène IV

Sganarelle, MM. Tomès, Desfonandrès, Macroton, Bahis.

SGANARELLE
Messieurs, l'oppression de ma fille augmente ; je vous prie de me dire vite ce que vous avez résolu.

M. TOMÈS, *à M. Desfonandrès.*
Allons, monsieur.

M. DESFONANDRÈS
Non, monsieur ; parlez, s'il vous plaît.

M. TOMÈS
Vous vous moquez.

M. DESFONANDRÈS
Je ne parlerai pas le premier.

M. TOMÈS
Monsieur.

M. DESFONANDRÈS
Monsieur.

SGANARELLE
Eh ! de grâce, messieurs, laissez toutes ces cérémonies, et songez que les choses pressent.

(Ils parlent tous quatre à la fois.)

M. TOMÈS
La maladie de votre fille…

M. DESFONANDRÈS
L'avis de tous ces messieurs tous ensemble…

M. MACROTON
A-près a-voir bien con-sul-té…

M. BAHIS
Pour raisonner…

SGANARELLE
Eh ! messieurs, parlez l'un après l'autre, de grâce.

M. TOMÈS

Monsieur, nous avons raisonné sur la maladie de votre fille, et mon avis, à moi, est que cela procède d'une grande chaleur de sang : ainsi je conclus à la saigner le plus tôt que vous pourrez.

M. DESFONANDRÈS

Et moi, je dis que sa maladie est une pourriture d'humeurs causée par une trop grande réplétion ; ainsi je conclus à lui donner de l'émétique.

M. TOMÈS

Je soutiens que l'émétique la tuera.

M. DESFONANDRÈS

Et moi, que la saignée la fera mourir.

M. TOMÈS

C'est bien à vous de faire l'habile homme !

M. DESFONANDRÈS

Oui, c'est à moi ; et je vous prêterai le collet en tout genre d'érudition.

M. TOMÈS

Souvenez-vous de l'homme que vous fîtes crever ces jours passés.

M. DESFONANDRÈS

Souvenez-vous de la dame que vous avez envoyée dans l'autre monde il y a trois jours.

M. TOMÈS, *à Sganarelle.*

Je vous ai dit mon avis.

M. DESFONANDRÈS, *à Sganarelle.*

Je vous ai dit ma pensée.

M. TOMÈS

Si vous ne faites saigner tout à l'heure votre fille, c'est une personne morte.

(Il sort.)

M. DESFONANDRÈS

Si vous la faites saigner elle ne sera pas en vie dans un quart d'heure.

(Il sort.)

27

Scène V

Sganarelle, MM. Macroton, Bahis.

SGANARELLE

À qui croire des deux ? et quelle résolution prendre sur des avis si opposés ? Messieurs, je vous conjure de déterminer mon esprit, et de me dire, sans passion, ce que vous croyez le plus propre à soulager ma fille.

M. MACROTON

Mon-si-eur, dans ces ma-ti-è-res-là, il faut pro-cé-der a-vec-que cir-con-spec-ti-on, et ne rien fai-re, com-me on dit, à la vo-lé-e ; d'au-tant que les fau-tes qu'on y peut fai-re sont, se-lon no-tre maî-tre Hip-po-cra-te, d'u-ne dan-ge-reu-se con-sé-quen-ce.

M. BAHIS, *bredouillant.*

Il est vrai, il faut bien prendre garde à ce qu'on fait ; car ce ne sont pas ici des jeux d'enfants ; et, quand on a failli, il n'est pas aisé de réparer le manquement, et de rétablir ce qu'on a gâté : *experimentum periculosum.* C'est pourquoi il s'agit de raisonner auparavant comme il faut, de peser mûrement les choses, de regarder le tempérament des gens, d'examiner les causes de la maladie, et de voir les remèdes qu'on y doit apporter.

SGANARELLE, *à part.*

L'un va en tortue, et l'autre court la poste.

M. MACROTON

Or, mon-si-eur, pour ve-nir au fait, je trou-ve que vo-tre fil-le a u-ne ma-la-die chro-ni-que, et qu'el-le peut pé-ri-cli-ter, si on ne lui don-ne du se-cours, d'au-tant que les symp-tô-mes qu'el-le a sont in-di-ca-tifs d'u-ne va-peur fu-li-gi-neu-se et mor-di-can-te qui lui pi-co-te les mem-bra-nes du cer-veau. Or cet-te va-peur, que nous nom-mons en grec *at-mos*, est cau-sé-e par des hu-meurs pu-tri-des, te-na-ces et con-glu-ti-neu-ses, qui sont con-te-nu-es dans le bas-ven-tre.

M. BAHIS

Et comme ces humeurs ont été là engendrées par une longue succession de temps, elles s'y sont recuites, et ont acquis cette malignité qui fume vers la région du cerveau.

M. MACROTON

Si bien donc que, pour ti-rer, dé-ta-cher, ar-ra-cher, ex-pul-ser, é-va-cu-er les-di-tes humeurs, il fau-dra u-ne pur-ga-tion vi-gou-reu-se. Mais, au préa-la-ble, je trou-ve à pro-pos, et il n'y a pas d'in-con-vé-ni-ent, d'u-ser de pe-tits re-mè-des a-no-dins, c'est-à-dire de pe-tits la-ve-ments ré-mol-li-ents et dé-ter-sifs, de ju-leps et de si-rops ra-fraî-chis-sants qu'on mê-le-ra dans sa ti-sa-ne.

M. BAHIS
Après, nous en viendrons à la purgation et à la saignée, que nous réitérerons s'il en est besoin.

M. MACROTON
Ce n'est pas qu'a-vec-que tout ce-la vo-tre fil-le ne puis-se mou-rir, mais au moins vous au-rez fait quel-que cho-se, et vous au-rez la con-so-la-ti-on qu'el-le se-ra mor-te dans les for-mes.

M. BAHIS
Il vaut mieux mourir selon les règles que de réchapper contre les règles.

M. MACROTON
Nous vous di-sons sin-cè-re-ment no-tre pen-sé-e.

M. BAHIS
Et nous avons parlé comme nous parlerions à notre propre frère.

SGANARELLE, *à M. Macroton, en allongeant les mots.*
Je vous rends très hum-bles grâ-ces. *(À M. Bahis, en bredouillant.)* Et vous suis infiniment obligé de la peine que vous avez prise.

Scène VI

SGANARELLE

Me voilà justement un peu plus incertain que je n'étais auparavant. Morbleu ! il me vient une fantaisie. Il faut que j'aille acheter de l'orviétan, et que je lui en fasse prendre : l'orviétan est un remède dont beaucoup de gens se sont bien trouvés. Holà !

Scène VII

Sganarelle, un opérateur.

SGANARELLE

Monsieur, je vous prie de me donner une boîte de votre orviétan, que je m'en vais vous payer.

L'OPÉRATEUR *chante.*

L'or de tous les climats qu'entoure l'Océan
Peut-il jamais payer ce secret d'importance ?
Mon remède guérit, par sa rare excellence,
Plus de maux qu'on n'en peut nombrer dans tout un an :
La gale,
La rogne,
La teigne,
La fièvre,
La peste,
La goutte,
Vérole,
Descente,
Rougeole.
Ô grande puissance
De l'orviétan !

SGANARELLE

Monsieur, je crois que tout l'or du monde n'est pas capable de payer votre remède ; mais pourtant voici une pièce de trente sous que vous prendrez, s'il vous plaît.

L'OPÉRATEUR *chante.*

Admirez mes bontés, et le peu qu'on vous vend
Ce trésor merveilleux que ma main vous dispense.
Vous pouvez, avec lui, braver en assurance
Tous les maux que sur nous l'ire du ciel répand :
La gale,
La rogne,
La teigne,
La fièvre,
La peste,

La goutte,
Vérole,
Descente,
Rougeole.
Ô grande puissance
De l'orviétan !

Scène VIII

(Plusieurs Trivelins et plusieurs Scaramouches,
valets de l'opérateur, se réjouissent en dansant.)

Acte troisième

Scène I

MM. Filerin, Tomès, Desfonandrès.

M. FILERIN

N'avez-vous point de honte, messieurs, de montrer si peu de prudence, pour
des gens de votre âge, et de vous être querellés comme de jeunes étourdis ?
Ne voyez-vous pas bien quel tort ces sortes de querelles nous font parmi
le monde ? et n'est-ce pas assez que les savants voient les contrariétés
et les dissensions qui sont entre nos auteurs et nos anciens maîtres, sans
découvrir encore au peuple, par nos débats et nos querelles, la forfanterie
de notre art ? Pour moi, je ne comprends rien du tout à cette méchante
politique de quelques-uns de nos gens ; et il faut confesser que toutes ces
contestations nous ont décriés depuis peu d'une étrange manière, et que si
nous n'y prenons garde, nous allons nous ruiner nous-mêmes. Je n'en parle
pas pour mon intérêt, car, Dieu merci, j'ai déjà établi mes petites affaires.
Qu'il vente, qu'il pleuve, qu'il grêle, ceux qui sont morts sont morts, et j'ai
de quoi me passer des vivants ; mais enfin toutes ces disputes ne valent
rien pour la médecine. Puisque le ciel nous fait la grâce que, depuis tant de
siècles, on demeure infatué de nous, ne désabusons point les hommes avec
nos cabales extravagantes, et profitons de leurs sottises le plus doucement
que nous pourrons. Nous ne sommes pas les seuls, comme vous savez, qui
tâchons à nous prévaloir de la faiblesse humaine. C'est là que va l'étude de la
plupart du monde, et chacun s'efforce de prendre les hommes par leur faible,
pour en tirer quelque profit. Les flatteurs, par exemple, cherchent à profiter
de l'amour que les hommes ont pour les louanges, en leur donnant tout le
vain encens qu'ils souhaitent ; et c'est un art où l'on fait, comme on voit,
des fortunes considérables. Les alchimistes tâchent à profiter de la passion
que l'on a pour les richesses, en promettant des montagnes d'or à ceux qui
les écoutent ; et les diseurs d'horoscopes, par leurs prédictions trompeuses,
profitent de la vanité et de l'ambition des crédules esprits. Mais le plus grand
faible des hommes, c'est l'amour qu'ils ont pour la vie ; et nous en profitons,
nous autres, par notre pompeux galimatias, et savons prendre nos avantages
de cette vénération que la peur de mourir leur donne pour notre métier.
Conservons-nous donc dans le degré d'estime où leur faiblesse nous a mis, et
soyons de concert auprès des malades pour nous attribuer les heureux succès

de la maladie, et rejeter sur la nature toutes les bévues de notre art. N'allons point, dis-je, détruire sottement les heureuses préventions d'une erreur qui donne du pain à tant de personnes, et, de l'argent de ceux que nous mettons en terre, nous fait élever de tous côtés de si beaux héritages.

M. TOMÈS

Vous avez raison en tout ce que vous dites ; mais ce sont chaleurs de sang, dont parfois on n'est pas le maître.

M. FILERIN

Allons donc, messieurs, mettez bas toute rancune, et faisons ici votre accommodement.

M. DESFONANDRÈS

J'y consens. Qu'il me passe mon émétique pour la malade dont il s'agit, et je lui passerai tout ce qu'il voudra pour le premier malade dont il sera question.

M. FILERIN

On ne peut pas mieux dire, et voilà se mettre à la raison.

M. DESFONANDRÈS

Cela est fait.

M. FILERIN

Touchez donc là. Adieu. Une autre fois, montrez plus de prudence.

Scène II

M. Tomès, M. Desfonandrès, Lisette.

LISETTE

Quoi ! messieurs, vous voilà, et vous ne songez pas à réparer le tort qu'on vient de faire à la médecine ?

M. TOMÈS

Comment ! Qu'est-ce ?

LISETTE

Un insolent, qui a eu l'effronterie d'entreprendre sur votre métier, et qui, sans votre ordonnance, vient de tuer un homme d'un grand coup d'épée au travers du corps.

M. TOMÈS

Écoutez, vous faites la railleuse ; mais vous passerez par nos mains quelque jour.

LISETTE

Je vous permets de me tuer lorsque j'aurai recours à vous.

Scène III

Clitandre, en habit de médecin ; Lisette.

CLITANDRE

Eh bien, Lisette, que dis-tu de mon équipage ? Crois-tu qu'avec cet habit je puisse duper le bonhomme ? me trouves-tu bien ainsi ?

LISETTE

Le mieux du monde ; et je vous attendais avec impatience. Enfin le ciel m'a fait d'un naturel le plus humain du monde, et je ne puis voir deux amants soupirer l'un pour l'autre qu'il ne me prenne une tendresse charitable, et un désir ardent de soulager les maux qu'ils souffrent. Je veux, à quelque prix que ce soit, tirer Lucinde de la tyrannie où elle est, et la mettre en votre pouvoir. Vous m'avez plu d'abord : je me connais en gens, et elle ne peut pas mieux choisir. L'amour risque des choses extraordinaires, et nous avons concerté ensemble une manière de stratagème qui pourra peut-être nous réussir. Toutes nos mesures sont déjà prises : l'homme à qui nous avons affaire n'est pas des plus fins de ce monde ; et si cette aventure nous manque, nous trouverons mille autres voies pour arriver à notre but. Attendez-moi là seulement, je reviens vous quérir.

(Clitandre se retire dans le fond du théâtre.)

Scène IV

Sganarelle, Lisette.

LISETTE

Monsieur, allégresse ! allégresse !

SGANARELLE

Qu'est-ce ?

LISETTE

Réjouissez-vous.

SGANARELLE

De quoi ?

LISETTE

Réjouissez-vous, vous dis-je.

SGANARELLE

Dis-moi donc ce que c'est, et puis je me réjouirai peut-être.

LISETTE

Non. Je veux que vous vous réjouissiez auparavant, que vous chantiez, que vous dansiez.

SGANARELLE

Sur quoi ?

LISETTE

Sur ma parole.

SGANARELLE

Allons donc. *(Il chante et danse.)* La lera la, la, la, lera la. Que diable !

LISETTE

Monsieur, votre fille est guérie.

SGANARELLE

Ma fille est guérie ?

LISETTE

Oui. Je vous amène un médecin, mais un médecin d'importance, qui fait des cures merveilleuses, et qui se moque des autres médecins.

SGANARELLE

Où est-il ?

LISETTE

Je vais le faire entrer.

SGANARELLE, *seul.*

Il faut voir si celui-ci fera plus que les autres.

Scène V

Clitandre, en habit de médecin ; Sganarelle, Lisette.

LISETTE, *amenant Clitandre.*

Le voici.

SGANARELLE

Voilà un médecin qui a la barbe bien jeune.

LISETTE

La science ne se mesure pas à la barbe, et ce n'est pas par le menton qu'il est habile.

SGANARELLE

Monsieur, on m'a dit que vous aviez des remèdes admirables pour faire aller à la selle.

CLITANDRE

Monsieur, mes remèdes sont différents de ceux des autres. Ils ont l'émétique, les saignées, les médecines et les lavements ; mais moi, je guéris par des paroles, par des sons, par des lettres, par des talismans, et par des anneaux constellés.

LISETTE

Que vous ai-je dit ?

SGANARELLE

Voilà un grand homme !

LISETTE

Monsieur, comme votre fille est là tout habillée dans une chaise, je vais la faire passer ici.

SGANARELLE

Oui, fais.

CLITANDRE, *tâtant le pouls à Sganarelle.*

Votre fille est bien malade.

SGANARELLE

Vous connaissez cela ici ?

CLITANDRE

Oui ; par la sympathie qu'il y a entre le père et la fille.

Scène VI

Sganarelle, Lucinde, Clitandre, Lisette.

LISETTE, et CLITANDRE

Tenez, monsieur, voilà une chaise auprès d'elle. *(À Sganarelle.)* Allons, laissez-les là tous deux.

SGANARELLE

Pourquoi ? Je veux demeurer là.

LISETTE

Vous moquez-vous ? Il faut s'éloigner. Un médecin a cent choses à demander qu'il n'est pas honnête qu'un homme entende.

(Sganarelle et Lisette s'éloignent.)

CLITANDRE, *bas à Lucinde.*

Ah ! madame, que le ravissement où je me trouve est grand ! et que je sais peu par où vous commencer mon discours ! Tant que je ne vous ai parlé que des yeux, j'avais, ce me semblait, cent choses à vous dire ; et maintenant que j'ai la liberté de vous parler de la façon que je souhaitais, je demeure interdit, et la grande joie où je suis étouffé toutes mes paroles.

LUCINDE

Je puis vous dire la même chose ; et je sens, comme vous, des mouvements de joie qui m'empêchent de pouvoir parler.

CLITANDRE

Ah ! madame, que je serais heureux s'il était vrai que vous sentissiez tout ce que je sens, et qu'il me fût permis de juger de votre âme par la mienne ! Mais, madame, puis-je au moins croire que ce soit à vous à qui je doive la pensée de cet heureux stratagème qui me fait jouir de votre présence ?

LUCINDE

Si vous ne m'en devez pas la pensée, vous m'êtes redevable au moins d'en avoir approuvé la proposition avec beaucoup de joie.

SGANARELLE, *à Lisette.*

Il me semble qu'il lui parle de bien près.

LISETTE, *à Sganarelle.*

C'est qu'il observe sa physionomie et tous les traits de son visage.

CLITANDRE, *à Lucinde.*

Serez-vous constante, madame, dans ces bontés que vous me témoignez ?

LUCINDE

Mais vous, serez-vous ferme dans les résolutions que vous avez montrées ?

CLITANDRE

Ah ! madame, jusqu'à la mort. Je n'ai point de plus forte envie que d'être à vous, et je vais le faire paraître dans ce que vous m'allez voir faire.

SGANARELLE, *à Clitandre.*

Eh bien ! notre malade ? Elle me semble un peu plus gaie.

CLITANDRE

C'est que j'ai déjà fait agir sur elle un de ces remèdes que mon art m'enseigne. Comme l'esprit a grand empire sur le corps, et que c'est de lui bien souvent que procèdent les maladies, ma coutume est de courir à guérir les esprits avant que de venir aux corps. J'ai donc observé ses regards, les traits de son visage, et les lignes de ses deux mains, et par la science que le ciel m'a donnée, j'ai reconnu que c'était de l'esprit qu'elle était malade, et que tout son mal ne venait que d'une imagination déréglée, d'un désir dépravé de vouloir être mariée. Pour moi, je ne vois rien de plus extravagant et de plus ridicule que cette envie qu'on a du mariage.

SGANARELLE, *à part.*

Voilà un habile homme !

CLITANDRE

Et j'ai eu et aurai pour lui toute ma vie une aversion effroyable.

SGANARELLE, *à part.*

Voilà un grand médecin !

CLITANDRE

Mais comme il faut flatter l'imagination des malades, et que j'ai vu en elle de l'aliénation d'esprit, et même qu'il y avait du péril à ne lui pas donner un prompt secours, je l'ai prise par son faible, et lui ai dit que j'étais venu ici pour vous la demander en mariage. Soudain son visage a changé, son teint s'est éclairci, ses yeux se sont animés ; et si vous voulez, pour quelques jours, l'entretenir dans cette erreur, vous verrez que nous la tirerons d'où elle est.

SGANARELLE

Oui-dà, je le veux bien.

CLITANDRE

Après, nous ferons agir d'autres remèdes pour la guérir entièrement de cette fantaisie.

SGANARELLE

Oui, cela est le mieux du monde. Eh bien ! ma fille, voilà monsieur qui a envie de t'épouser, et je lui ai dit que je le voulais bien.

LUCINDE

Hélas ! est-il possible ?

SGANARELLE

Oui.

LUCINDE

Mais tout de bon ?

SGANARELLE

Oui, oui.

LUCINDE, *à Clitandre.*

Quoi ! vous êtes dans les sentiments d'être mon mari ?

CLITANDRE

Oui, madame.

LUCINDE

Et mon père y consent ?

SGANARELLE

Oui, ma fille.

LUCINDE

Ah ! que je suis heureuse, si cela est véritable !

CLITANDRE

N'en doutez point, madame. Ce n'est pas d'aujourd'hui que je vous aime, et que je brûle de me voir votre mari. Je ne suis venu ici que pour cela ; et si vous voulez que je vous dise nettement les choses comme elles sont, cet habit n'est qu'un pur prétexte inventé, et je n'ai fait le médecin que pour m'approcher de vous, et obtenir plus facilement ce que je souhaite.

LUCINDE

C'est me donner des marques d'un amour bien tendre, et j'y suis sensible autant que je puis.

SGANARELLE, *à part.*

Ô la folle ! ô la folle ! ô la folle !

LUCINDE

Vous voulez donc bien, mon père, me donner monsieur pour époux ?

SGANARELLE

Oui. Çà, donne-moi ta main. Donnez-moi un peu aussi la vôtre, pour voir.

CLITANDRE

Mais, monsieur…

SGANARELLE, *étouffant de rire.*

Non, non, c'est pour… pour lui contenter l'esprit. Touchez là. Voilà qui est fait.

CLITANDRE

Acceptez, pour gage de ma foi, cet anneau que je vous donne. *(Bas, à Sganarelle.)* C'est un anneau constellé, qui guérit les égarements d'esprit.

LUCINDE

Faisons donc le contrat, afin que rien n'y manque.

CLITANDRE

Hélas ! je le veux bien, madame. *(Bas, à Sganarelle.)* Je vais faire monter l'homme qui écrit mes remèdes, et lui faire croire que c'est un notaire.

SGANARELLE

Fort bien.

CLITANDRE

Holà ! faites monter le notaire que j'ai amené avec moi.

LUCINDE

Quoi ! vous aviez amené un notaire ?

CLITANDRE

Oui, madame.

LUCINDE

J'en suis ravie.

SGANARELLE

Ô la folle ! ô la folle !

Scène VII

Le notaire, Clitandre, Sganarelle, Lucinde, Lisette.
(Clitandre parle bas au notaire)

SGANARELLE, *au notaire.*

Oui, monsieur, il faut faire un contrat pour ces deux personnes-là. Écrivez. *(À Lucinde.)* Voilà le contrat qu'on fait. *(Au notaire.)* Je lui donne vingt mille écus en mariage. Écrivez.

LUCINDE

Je vous suis bien obligée, mon père.

LE NOTAIRE.

Voilà qui est fait. Vous n'avez qu'à venir signer.

SGANARELLE

Voilà un contrat bientôt bâti.

CLITANDRE, *à Sganarelle.*

Mais au moins, monsieur…

SGANARELLE

Eh ! non, vous dis-je. Sait-on pas bien… *(Au notaire.)* Allons, donnez-lui la plume pour signer. *(À Lucinde.)* Allons, signe, signe, signe. Va, va, je signerai tantôt, moi.

LUCINDE

Non, non, je veux avoir le contrat entre mes mains.

SGANARELLE

Eh bien ! tiens. *(Après avoir signé.)* Es-tu contente ?

LUCINDE

Plus qu'on ne peut s'imaginer.

SGANARELLE

Voilà qui est bien, voilà qui est bien.

CLITANDRE

Au reste, je n'ai pas eu seulement la précaution d'amener un notaire ; j'ai eu celle encore de faire venir des voix et des instruments et des danseurs pour célébrer la fête, et pour nous réjouir. Qu'on les fasse venir. Ce sont des gens que je mène avec moi, et dont je me sers tous les jours pour pacifier avec leur harmonie et leurs danses les troubles de l'esprit.

Scène VIII

Sganarelle, Lucinde, Clitandre, Lisette.

TROISIÈME ENTRÉE.
La Comédie, le Ballet, la Musique.
Jeux, ris, plaisirs.

LA COMÉDIE, LE BALLET, LA MUSIQUE, *ensemble.*

Sans nous, tous les hommes
Deviendraient malsains,
Et c'est nous qui sommes
Leurs grands médecins.

LA COMÉDIE

Veut-on qu'on rabatte,
Par des moyens doux,
Les vapeurs de rate
Qui vous minent tous ?
Qu'on laisse Hippocrate,
Et qu'on vienne à nous.

TOUS TROIS ENSEMBLE

Sans nous tous les hommes
Deviendraient malsains,
Et c'est nous qui sommes
Leurs grands médecins.

(Pendant que les Jeux, les Ris et les Plaisirs dansent, Clitandre emmène Lucinde.)

Scène IX

Sganarelle, Lisette, la Comédie,
la Musique, le Ballet, jeux, ris, plaisirs.

SGANARELLE

Voilà une plaisante façon de guérir ! Où est donc ma fille et le médecin ?

LISETTE

Ils sont allés achever le reste du mariage.

SGANARELLE

Comment, le mariage ?

LISETTE

Ma foi, monsieur, la bécasse est bridée, et vous avez cru faire un jeu, qui demeure une vérité.

SGANARELLE

Comment diable ! *(Il veut aller après Clitandre et Lucinde, les danseurs le retiennent.)* Laissez-moi aller, laissez-moi aller, vous dis-je. *(Les danseurs le retiennent toujours.)* Encore ? *(Ils veulent faire danser Sganarelle de force.)* Peste des gens !